S. Raymond de Pennafort

3me Maître Général de l'Ordre de Saint-Dominique

par le
Révérend Père LOUIS BOITEL,
du même Ordre.

1897.
SOCIÉTÉ SAINT-AUGUSTIN,
DESCLÉE, DE BROUWER ET Cie
Imprimeurs des Facultés Catholiques de Lille.

Saint Raymond de Pennafort

Maître Général de l'Ordre de Saint-Dominique

par le R. P. LOUIS BOITEL,

du même Ordre.

SOCIÉTÉ SAINT-AUGUSTIN,

DESCLÉE, DE BROUWER ET Cie,

Imprimeurs des Facultés Catholiques de Lille. — 1897.

SAINT RAYMOND DE PENNAFORT.

(Voir p. 27, description de la scène.)

Saint Raymond de Pennafort.

I. — LES ADIEUX.

SAINT Raymond, dont nous allons esquisser l'austère et sereine figure, nous apparaît, à travers six siècles passés, dans une sorte de pénombre qu'éclaire mal le souvenir de sa science et de ses vertus. Sa première enfance n'a pas d'histoire. On sait simplement qu'il naquit en Espagne, en 1176, de la royale famille des Pennafort, dont le château seul, par une tour croulante, parle encore au voyageur. Dans la chapelle du couvent bâti sur les ruines, deux tableaux, il est vrai, semblent vouloir nous suggérer ce que furent ses jeunes années. L'un, portant les armes des Pennafort, nous montre un enfant de six à sept ans, les yeux fixés sur un personnage, évidemment son père, et le seigneur de céans. Le chevalier, assis, parle à son fils. Au second plan, la mère, assise elle aussi et silencieuse, s'associe du regard aux exhortations paternelles et les approuve.

Dans le second tableau, l'enfant a grandi, il a douze ans. A genoux, revêtu de l'habit ecclésiastique, il baise la main de son père. La mère pleure, toujours silencieuse. Derrière l'enfant, un ange, en voyageur, semble lui dire qu'il est temps de partir. Plus loin, un domestique nègre, tient un cheval en main. Ce sont les adieux. Raymond quitte sa famille pour une longue absence.

Qui n'a vu ces scènes émouvantes ? Au château, debout sur la montagne, comme au village qui s'étend à ses pieds, quand DIEU a dit à un enfant : « Tu seras prêtre, » la même joie brille dans les yeux de l'élu, la même fierté triste et sainte sur le visage du père et de la mère, et le long baiser d'adieu au front du prédestiné, noble ou paysan, est plein du cœur de DIEU même.

II. — ANGE DU SANCTUAIRE.

Au moyen-âge, autour des cathédrales, s'étendaient de longs cloîtres, pour le service de l'église et comme une défense contre les profanations de la rue. Des portes intérieures, sortaient, à certaines heures, mêlés à de vieux prêtres, des jeunes gens déjà graves, des enfants même, qui souriaient, charmants, aux bons vieillards. Ils avaient été envoyés là par leurs familles, dans un sentiment de foi, pour être consacrés au Seigneur. Ils y faisaient leurs études, y étaient formés à la piété, aux mœurs sacerdotales, aux cérémonies liturgiques, devenaient élèves, chanoines de cette église, passaient leur vie à son ombre et reposaient, après leur mort, sous ses dalles bénites. C'est pour un de ces cloîtres, celui de Sainte-Eulalie, à Barcelone, que partait Raymond. Il y trouva un jeune homme de son nom et de sa société, Raymond de Rozanis, confié aux prêtres de la même église pour y servir DIEU « en la vie et en la mort. » Un même attrait les ramenait souvent ensemble à la sainte table et chaque jour au pied du tabernacle. Fidèles au devoir, intelligents, laborieux, ils grandissaient en savoir et en grâce devant leurs condisciples et devant leurs maîtres. Raymond de Pennafort, surtout, brillait au premier rang. Sérieux dans sa tenue comme dans ses pensées, il n'avait, disent les historiens, rien d'enfantin en lui, tout y était d'une maturité précoce et presque d'une sagesse de vieillard. A vingt ans, d'élève il devint maître, et professa la philosophie dans l'école même du cloître. Semblables aux vagues d'un lac tranquille, les années de son adolescence passaient et le rapprochaient peu à peu du but : le sacerdoce. Les initiations se suivaient, apportant chacune une grâce plus profonde qui disposait son âme à la grâce suprême. Prêtre, il fit de son enseignement une chose sainte. Dans sa reconnaissance, il regardait la science qu'il avait acquise comme le trésor et le patrimoine du sanctuaire, dont il n'était que le dispensateur obligé. Sur la parole du Maître, il donnait donc gratis ce qu'il avait reçu gratis, et pendant dix ans, il fit à ses frères plus jeunes l'aumône de ses veilles savantes.

Il semble même que déjà s'éveillait sa vocation de jurisconsulte, car nous le trouvons, à cette époque, comme greffier, dans un procès ecclésiastique, à côté de Raymond de Rozanis, qui siège comme juge.

III. — L'ENFANT DU MIRACLE.

EST-CE à cette vocation devenue impérieuse qu'il faut attribuer son départ, autrement inexpliqué, de Barcelone, où sa vie paraissait fixée ? Au moment, en effet, où nous le voyons sortir un peu de l'ombre, il quitte son école de Sainte-Eulalie pour se rendre à Bologne. Seul avec un compagnon, Pierre Ruler, dont l'âme sérieuse allait bien à la sienne, ils cheminaient, trompant la longueur du voyage par des entretiens élevés. Par hasard, ils apprirent qu'à quelques pas d'eux, à Dalbéza, la Sainte Vierge venait de faire un grand miracle. Un enfant, attiré dans un piège, avait été martyrisé par des misérables On lui avait arraché les yeux, coupé les mains et les pieds, et c'est ainsi haché, presque mort, qu'on l'avait rapporté à sa mère. Devant ce corps mutilé, la pauvre femme se souvint qu'il y avait au Ciel une mère dont on avait aussi tué le fils. Elle en appela à elle et lui demanda de rendre à son enfant ses membres amputés. En regardant les yeux, les pieds et les mains de son fils JÉSUS ressuscité, vivant et glorieux, Marie fut touchée de la douleur de la mère et exauça sa prière. On vit soudain les yeux renaître, les mains et les pieds se reformer, et l'enfant, plein de santé, constater lui-même le renouveau de ses membres miraculés. Les deux voyageurs purent regarder, toucher les cicatrices encore fraîches, et entendre de la bouche de l'enfant le récit de l'horrible aventure. Soixante ans plus tard, Raymond ne pouvait en parler sans fondre en larmes ! Marie s'était révélée à lui !

IV. — BOLOGNE.

IL arriva à Bologne exalté par le miracle plus encore que par son amour de l'étude. Comme on voit, dans nos jardins publics, des volées d'oiseaux s'abattre des toits et des arbres voisins sur les miettes qu'un passant connu leur jette, ainsi, de tous les points de la ville, des troupes d'étudiants se pressaient aux cours des professeurs en renom. A Bologne, le droit passionnait les esprits, comme ailleurs, les sciences naturelles et la philosophie. Raymond l'aborda avec toute sa foi et son intelligence déjà mûre. Maître, aucune argutie juridique ne le dérouterait ; prêtre, aucune interprétation césarienne ne le détacherait de l'Eglise. Après six ans d'un labeur acharné, le droit romain et le droit canon n'avaient plus de mystères pour lui. Il quitta les bancs, et, se sentant de taille, il ouvrit lui-même un cours. Ce fut avec un tel éclat, une telle supériorité, que sa réputation surpassa bientôt celle des professeurs les plus en vue. Trois ans, il commenta le *Décret* (1) de Gratien (2), et trois ans, son nombreux auditoire lui fut fidèle. Les places publiques s'élargissaient pour lui, comme plus tard, pour ses frères Albert le Grand et Thomas d'Aquin. C'est que la noblesse de son caractère égalait la beauté de sa doctrine. Quand d'autres professeurs battaient monnaie avec leurs leçons, lui ne demandait rien. Sans doute, ce fils de gens qui faisaient la guerre à leurs propres frais, n'eût pas voulu déchoir sur son champ de bataille en y cherchant autre chose que l'honneur. Mais, plus haut encore que l'honneur, il ne prenait conseil que de sa foi et de sa charité, et disait à ses détracteurs : « Les choses de DIEU ne se vendent pas. »

1. Recueil des décrétales des Papes. — 2. Bénédictin.

Aussi, la municipalité bolonaise, pour ne pas perdre ce maître qui l'illustrait à lui seul plus que tous les autres, lui alloua sur le trésor une pension d'honneur. On peut refuser l'argent, on ne refuse pas l'estime. Raymond garda pour lui l'affection des Bolonais et distribua l'argent aux pauvres et au curé de sa paroisse, heureux de soulager toutes les misères et de faire taire toutes les exigences.

V. — UN SAINT.

CETTE vie intellectuelle intense n'était pas seule à agiter Bologne. Les âmes se passionnaient pour la parole de DIEU, comme les esprits pour la parole humaine. En 1218, nés à peine depuis deux ans, les dominicains y avaient bâti un couvent et leur prédication attirait la foule. Frère Réginald, surtout, révolutionnait saintement la ville. Etudiants, professeurs, bourgeois, femmes, enfants, tous accouraient l'entendre, tous subissaient son charme et les plus illustres maîtres sacrifiaient, pour le suivre sous sa bure méprisée et manger son morceau de pain, l'orgueil des ambitions de carrière et la douce nonchalance d'une retraite dorée.

Bologne, comme Paris, était donc une ville dominicaine. Cependant, saint Dominique n'y était pas encore venu. Il avait visité l'Espagne, à qui son froc n'avait pas fait oublier le chanoine d'Osma ; il avait habité la France, qui lui avait offert son sol généreux pour y faire germer ses œuvres et ses enfants. Il venait de la traverser, le cœur joyeux de voir sa famille augmenter en nombre, en sainteté et en influence apostolique. Quand il arriva à Bologne au mois d'août 1219, pareille joie paternelle l'attendait. Ses fils lui faisaient honneur, son nom était béni et partout sa venue faisait battre les cœurs.

Raymond ne dut pas être le moins empressé. Ce fondateur d'Ordre, à peu près de son âge, était son compatriote, une lumière brillait sur son front et on l'acclamait comme un saint. Lui, professeur, prêtre, sensible à toute beauté et à toute grandeur morale, alla le voir, parler de DIEU avec lui et peut-être demander à ce prophète le secret de son avenir. Ces entrevues étaient providentielles. L'évêque de Barcelone, en effet, Bérenger de la Palou, grand guerrier à ses heures, mais aussi grand évêque, venait d'arriver à Bologne. Du premier jour, deux choses l'avaient frappé : l'enthousiasme pour les dominicains et la réputation de Raymond. Son diocèse avait besoin d'apôtres et d'hommes de valeur. Pourquoi n'emmènerait-il pas avec lui Raymond et des dominicains? Raymond connaissait les dominicains, pourquoi ne l'introduirait-il pas auprès d'eux et de leur fondateur? La conquête des dominicains fut facile : ils étaient nombreux, fervents et prêcheurs infatigables. Et puis, n'était-ce pas pour l'Espagne? Dominique accorda volontiers quatre de ses fils à la fondation de Barcelone.

En fut-il ainsi de Raymond? Une situation glorieuse et sûre, l'ennui du déplacement si senti par les hommes d'étude, l'incertitude d'un changement de vie, à son âge, son attachement à sa patrie adoptive et ces mille liens chers et douloureux qu'on ne se connaissait pas et qu'on sent au moment décisif, ne le retinrent-ils pas un instant? Si réelle qu'on suppose la lutte intérieure, l'obéissance en triompha. Raymond se remit entre les mains de son évêque, et fermant son cœur comme ses yeux sur tout ce qu'il abandonnait, partit avec lui pour l'Espagne.

VI. — CANONICUM AUGET IN APOSTOLICUM.

BARCELONE l'attendait. Le souvenir de ses brillants débuts, ses succès à Bologne, avaient disposé les esprits en sa faveur. La ville, comme son évêque, croyait en lui. Il dépassa toutes les espérances. Chanoine, il était le modèle et l'oracle du chapitre. Toujours le premier à l'office, recueilli dans sa stalle ou

SAINT RAYMOND DE PENNAFORT,
CHANOINE DE BARCELONE.

psalmodiant d'une voix franche et pénétrée, il entraînait le chœur à la louange divine. Aux fêtes de la Vierge, surtout, sa dévotion était plus joyeuse encore et plus communicative. Le souvenir de Belzévéda le possédait toujours et le nom seul de Marie l'émouvait visiblement. Pour l'honorer mieux, il fit élever, dans l'église cathédrale, l'Annonciation à un rit supérieur, et fonda, pour les chanoines, sur sa propre fortune, des prières plus solennelles en ce jour-là.

Ce mérite hors pair ne pouvait rester au second rang. L'évêque nomma Raymond prévôt du chapitre, malgré sa jeunesse relative, et pas un de ses vénérables collègues ne s'offensa de cette préférence. Simple, bon, judicieux, il savait se rendre aimable à tous. Le clergé, les laïques, l'admiraient et le vénéraient. Il était vraiment le conseiller de son évêque et le premier citoyen de la cité.

A côté de lui, les dominicains donnaient, eux aussi, l'exemple de la prière, de la pénitence, de la science et du zèle évangélique. La ville les comprenait et allait à eux. Ami toujours fidèle, Bérenger aimait en eux des fils plus que des auxiliaires ; les princes les recherchaient, le peuple acclamait dans les rues ces moines qui lui tendaient la main et mendiaient comme lui et pour lui ; tous recevaient, en échange de leur sympathie, l'aumône de la prière, de la prédication et de la direction spirituelle.

Raymond s'associait à cette estime générale. Il allait fréquemment chez les dominicains, assistait aux sermons et à l'office, parlait avec eux de Théologie et de Droit. Est-il vrai qu'un de ses parents ayant voulu entrer dans l'Ordre, il l'en ait néanmoins empêché et que, pour réparer sa faute, lui-même se fit dominicain ? Cette légende, qui dramatiserait son entrée en religion, ne paraît pas vraisemblable. Non, l'action de DIEU fut plus simple et plus conforme à sa nature. Peu à peu, il s'éprit de la vie des Frères, de leur solitude et de leur apostolat, de leur austérité et de leur sainte gaîté, et le jour du Vendredi Saint, 1er avril 1222, brisant aux pieds du Sauveur ses dignités fragiles, il échangea ses insignes de chanoine contre le scapulaire du prêcheur.

VII. — LE COUVENT.

IL n'était pas seul. Son ami d'enfance, Raymond de Rozanis, son compagnon de voyage à Notre-Dame de Belzévéda, Pierre Ruber, et beaucoup d'autres, entraînés par la beauté de son sacrifice, le suivivent dans l'Ordre.

Alors commença pour lui cette vie dominicaine, pleine de DIEU et des âmes. Il s'y plongea tout entier. Chanoine, il faisait ses délices de l'office divin ; religieux, il sentit, comme son père Dominique, grandir cet attrait vers le culte. La prière commune ne lui suffisait pas ; il prolongeait la sienne longtemps dans la nuit et l'on entendait ses larmes avec ses cris de pénitence et d'amour. L'église était son jardin de Gethsémani. Un ange venait le rassurer et le fortifier. Quand, fatigué, il s'étendait sur sa couche durcie, à peine y restait-il une heure ou deux. L'ange venait l'éveiller et ensemble ils descendaient au chœur pour y prier.

La pénitence achevait sa prière. Aux jeûnes et aux abstinences de la règle, il ajoutait des disciplines fréquentes, sanglantes, et ces mille industries crucifiantes dont l'amour rédempteur est si inventif.

Aussi était-il d'une pureté angélique. De lui on pouvait dire en toute vérité qu'il vivait dans son corps comme n'en ayant pas. Cette pureté n'était pas stérile. Elle communiquait sa vertu aux âmes troublées. Un jour, un Frère convers, dont la vie dans le monde n'avait pas toujours été très régulière, assistait à la messe du Saint. Touché de sa foi, de son recueillement, de ce rayonnement céleste qui l'enveloppait depuis le Sanctus jusqu'à la Communion, il demanda, par son intercession, la délivrance de ses tentations humiliantes. Au même moment, il sentit cette révolution mystérieuse qui fait subitement crier aux miraculés : « Je suis guéri ! » Il l'était en effet et pour toute sa vie.

Toujours uni à DIEU, toujours austère, il était, dans sa réserve, d'une humeur très douce. En récréation, il prenait une part très active à la conversation, savait la conduire et la rendre intéressante sans jamais la laisser dégénérer en plaisanteries piquantes et toujours dangereuses. Encore moins ne lui permettait-il pas de se nourrire de la réputation des absents, dont il prenait toujours la défense. Il était, en un mot, l'ami de tous, et chacun se trouvait avec lui en bonne et douce et reposante compagnie.

Mais son triomphe était au tribunal de la pénitence. Sa connaissance du droit pratique, son discernement, sa patiente charité, lui gagnaient la confiance des âmes. Aimable et miséricordieux, « ce ministre insigne du sacrement de pénitence, » comme l'appelle Clément VIII, répondait admirablement aux demandes et aux besoins des consciences. Pauvres et riches assiégeaient son confessionnal et pas un, même les plus coupables, n'en sortait sans être éclairé, consolé et fortifié.

VIII. — LA MERCI.

PARMI ses pénitents, il y en avait un dont l'âme devait s'unir plus étroitement à la sienne, un grand cœur à qui la Providence réservait une mission de charité sans égale. Pierre Nolasque était Français, des environs de Carcassonne. Pour fuir les progrès et la vengeance des Albigeois, peut-être aussi attiré par l'affectueuse reconnaissance de Jacques d'Aragon, il était venu en Espagne, sans y trouver, hélas ! la paix religieuse. Des populations chrétiennes entières étaient aux mains des Musulmans. Pierre en était triste à en mourir. Les esclaves chrétiens n'étaient-ils pas sa dévotion particulière ? Pour les racheter, il avait vendu ses maisons, ses terres, sacrifié sa fortune jusqu'à n'avoir plus à lui une mauvaise chambre pour y passer la nuit.

Saint Pierre de Nolasque.

Plus de 300 chrétiens lui devaient leur liberté, la liberté de leur corps et de leur conscience.

Pierre Nolasque, Raymond de Pennafort, Jacques d'Aragon, trois héros bataillant pour une seule cause, l'abolition de l'esclavage des chrétiens ! Souvent ils en avaient parlé ensemble, cherchant un moyen d'étendre et de fortifier leur propagande rédemptrice. Or, une nuit que Pierre y réfléchissait encore, la Sainte Vierge lui apparut et lui dit : « Voici le moyen que tu cherches. Si tu veux me faire plaisir, fonde un Ordre dont tous les membres se consacreront jusqu'à la mort au rachat des captifs. Je le bénirai et beaucoup lui devront leur salut. »

La même nuit, la Mère de miséricorde apparut au roi Jacques et au Fr. Raymond et leur fit la même demande.

Le lendemain, s'étant rencontrés, Pierre, tout ému, leur raconta sa vision. Non moins émus que lui, Raymond et Jacques lui dirent qu'eux aussi, ils avaient vu Marie, et qu'elle les avait envoyés comme lui aux esclaves. Ravis d'être ainsi associés tous les trois à cette conquête sainte, ils s'embrassèrent et se jurèrent de travailler ensemble, chacun à sa manière, à l'œuvre de Marie.

La part de Raymond y fut grande. C'est lui qui rédigea les Constitutions du nouvel institut. Il leur donna pour base la règle de Saint-Augustin, comme développements certaines coutumes et ordinations des Frères Prêcheurs, pour livre de prières le bréviaire dominicain. La vestition fut solennelle. Elle eut lieu en pleine cathédrale de Barcelone, que la foule remplissait jusqu'aux portes. Assis sur son trône, le roi présidait. Sur l'autel étaient les habits religieux, semblables à ceux des dominicains ; au pied, Pierre prosterné et autour de lui d'anciens esclaves qu'il avait rachetés. Frère Raymond donna le sermon, bénit la robe, le scapulaire, le capuce, et les remit un à un au roi, qui en revêtit le nouveau croisé.

Les dominicains, dans la personne de Raymond,

étaient donc appelés par DIEU et par Marie à cette œuvre géniale et sacrée de la Rédemption des captifs. Pendant plusieurs années, le nouvel Ordre ne fut, pour ainsi dire, qu'une ramification laïque des Prêcheurs. Dans les desseins de DIEU, et pour le plus libre accomplissement de sa mission, il devait vivre de sa propre vie. Saint Raymond travailla à lui procurer cette autonomie et la lui obtint de Grégoire IX avec l'approbation définitive des Constitutions, en 1236. L'Ordre de la Merci était fondé.

Raymond ne s'en désintéressa jamais. A Barcelone, il voyait souvent son saint ami ; de Rome, plus tard, il lui écrivait les éloges et les encouragements du Pape, le soutenait dans ses épreuves, le défendait contre les appréhensions et les découragements de son humilité. N'était-ce pas encore une manière, et la plus délicate, de continuer son dévouement à l'œuvre commune?

IX. — DIPLOMATE ET CROISÉ.

SUR ces entrefaites, le Pape envoya en Espagne un légat pour pacifier les esprits et prêcher la croisade contre les Maures. Jean d'Abbeville, étranger au pays, chercha un homme qui, par son influence, pût assurer le succès de sa mission. Sans hésiter, l'opinion publique lui désigna Raymond de Pennafort. Il se l'adjoignit donc, le mit au courant de ses projets et lui donna ses instructions.

Ce secrétaire d'ambassade d'un nouveau genre se mit à l'œuvre, mais en vrai moine et en saint. Tandis que l'ambassadeur s'avançait en grande pompe, avec un cortège de princes, lui, prenait les devants avec son compagnon, marchait à pied, observait les jeûnes et les abstinences de l'Ordre, mendiait son pain comme un pauvre, et distribuait sur son chemin, à toutes les âmes, la parole de DIEU. Il passait de diocèse en diocèse, allait voir les évêques et les personnages importants, interrogeait les fidèles et les prêtres et les préparait à l'arrivée du légat.

Dans les conciles, son avis faisait foi. Se tenant à la dernière place et aux pieds de Jean d'Abbeville, il n'en était pas moins la lumière de tous. Le légat, émerveillé, proclamait que son mérite surpassait encore sa réputation. Aussi, quand il rentra à Rome, le premier besoin de sa grande loyauté fut de parler au Pape de ce Dominicain, qui l'avait si heureusement aidé dans les négociations les plus difficiles. Ce fut un trait de lumière pour le Pontife. La diplomatie avait fait son œuvre, il fallait l'achever par les armes et chasser les Musulmans de leurs repaires. Qui charger de la croisade, si ce n'est Raymond ? Ce dernier se mit donc de nouveau en campagne avec le prieur de Barcelone. Une armée chrétienne et patriote se leva à leur parole, prit la Croix, et, après quelques combats sanglants, Majorque fut conquise. En souvenir, le roi Jacques, victorieux, bâtit un couvent aux dominicains. La Révolution de 1836 le détruisit, mais les pierres de ses ruines attestent l'effort commun du moine et du soldat pour la libération du territoire.

X. — ROME. — PÈRE DES PAUVRES.

Ce succès de la croisade grandit encore Raymond dans l'estime de Grégoire IX. Le Pape l'appela à Rome, et le fit, coup sur coup, son chapelain, son pénitencier et son confesseur. Chapelain, il discutait devant le Souverain-Pontife, les théologiens et les canonistes les plus en vue, les questions soumises aux décisions de la Cour romaine. Pénitencier, il liait et déliait, à Rome et au loin, les fautes dont le Pape se réservait la connaissance et l'absolution. Confesseur, il entra si avant dans la confiance de Grégoire, qu'il passait pour « son ami le plus cher et le plus intime ». Raymond se servait de cette confiance pour le bonheur de tous, des

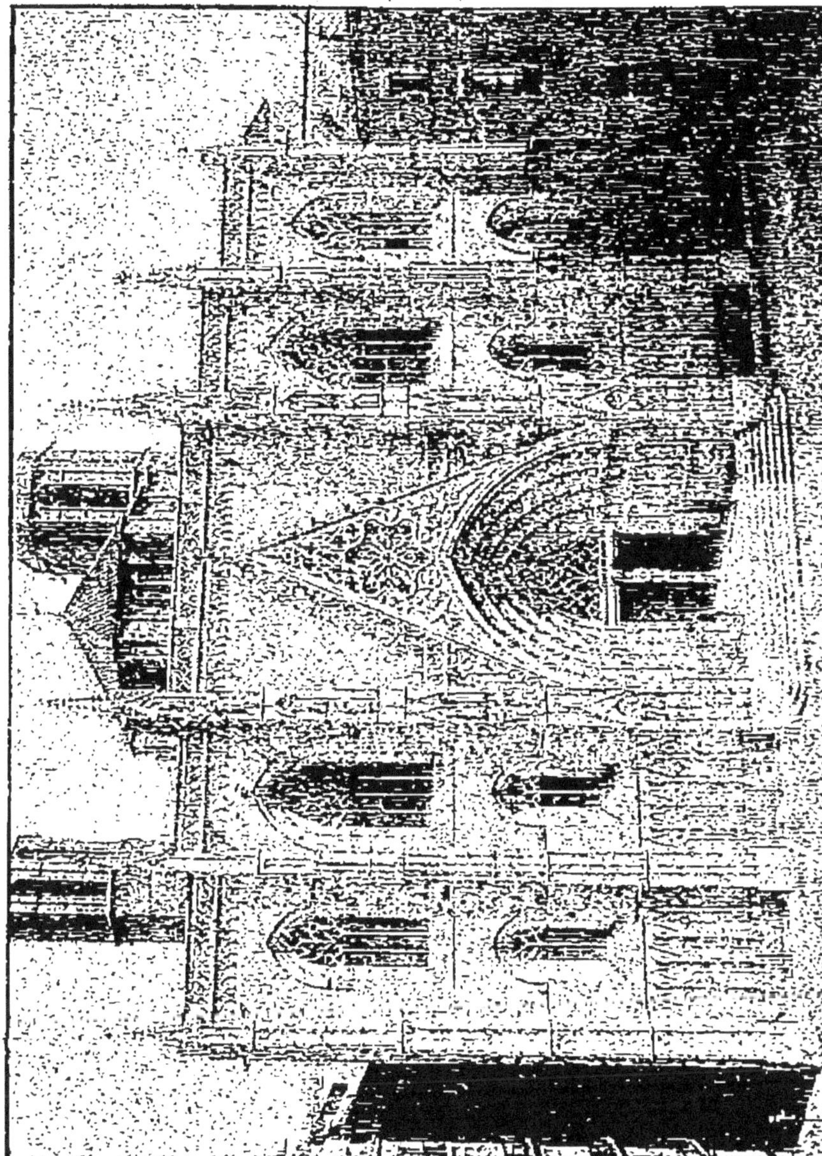

BARCELONE.

FAÇADE PRINCIPALE DE LA CATHÉDRALE.

(D'après une photographie.)

pauvres en particulier. Si juste que fût la Curie, il faut, hélas ! que partout où l'homme touche aux choses divines, il les traite avec son instinctive partialité, et il paraît que là, — moins qu'ailleurs, c'est vrai, — les pauvres n'étaient pas toujours les premiers servis. Or, le Frère Raymond n'aimait pas cela, et souvent il donnait au Pape, pour pénitence sacramentelle, de veiller à ce que les causes des pauvres fussent expédiées sans retard. Pour être plus sûr de mieux faire sa pénitence, le Pape, non sans malice, chargeait son confesseur d'expédier lui-même ces affaires, qu'il avait tant à cœur. Dans les bureaux, le nom en resta à Raymond. On l'appelait « le père, l'expéditeur des causes des pauvres. » Qui sait s'il ne préférait pas ce titre à celui de confesseur du Pape ?

XI. — LES DÉCRÉTALES.

Des occupations si multiples et parfois si absorbantes, n'épuisaient pas sa puissance de travail, ni son dévouement au Chef de l'Eglise. Le Pape le savait bien, et il en profitait. Depuis longtemps, il projetait de refondre et de compléter le recueil des décrets des Souverains-Pontifes, qui ont force de loi dans l'Eglise. Pourquoi tarder encore ? N'avait-il pas sous la main un maître ouvrier ? Il en parla à son chapelain. Pour un Frère Prêcheur, un désir du Pape était un ordre. Il attaqua bravement cette rude besogne, et en trois ans mit à jour la collection volumineuse des encycliques, brefs, bulles, décisions de toutes sortes, émanés du Saint-Siège. Tout y est ordonné, classé, catalogué, en pleine lumière. C'est dans cet arsenal, rempli par un seul homme, que vont renouveler leurs armes les juristes et les théologiens.

Parallèlement au droit canon, et le touchant presque, il y a la théologie morale et pratique, qui embrasse toutes les manifestations de la conscience humaine.

Pour le confesseur comme pour le canoniste; il eût fallu un livre qui condensât toutes les formes de nos actes, bons et mauvais, avec leur degré possible de mérite ou de culpabilité, et les solutions les plus raisonnables et les plus pacifiantes. Jusqu'alors, malgré plusieurs essais, rien de suffisant n'avait paru. Autrefois, à Barcelone, sur l'ordre de son Prieur, Raymond, si au courant de ce dédale des scrupules et des péchés humains, avait commencé ce manuel. D'autres travaux, censés plus actuels et plus importants, l'avaient arrêté. A Rome, toujours sur l'impulsion du Pape, il le reprit, et, en peu de temps l'acheva. Quand il parut, ce fut un cri d'admiration chez les plus grands théologiens, un soupir de soulagement chez les confesseurs, pour tous, un guide sûr qui montrait le devoir.

Comment un religieux d'une telle valeur était-il toujours un simple frate? Pourquoi n'était-il pas encore évêque? Grégoire y songeait en son cœur de Pontife et d'ami reconnaissant. Il lui offrit l'évêché de Tarragone, devenu vacant. Raymond en fut blessé. Evêque, lui, le dernier des moines? Jamais. Saintement désobéissant, il refusa. Sa répugnance était telle qu'il en tomba gravement malade. Alors le Pape n'insista plus et lui rendit sa liberté.

On espérait que, délivré de cette appréhension, Raymond serait vite guéri. La secousse avait été trop forte, et sa santé, épuisée par tant de travaux, de pénitences et de soucis, ne se relevait pas. A cette faiblesse persistante, les médecins ne virent qu'un remède : demander à l'air natal des forces que le climat et le milieu de Rome ne lui rendaient pas. Un instant, à son tour, le Pape fut troublé et malade. Perdre un ami incomparable, un conseiller, un confident unique ! « Préférant cependant, disait-il, le savoir vivant au loin, que mourant près de lui, » il le laissa partir, mais en lui conservant sa charge de pénitencier, et non sans se flatter secrètement de le revoir encore.

— XII. — LE PREMIER MIRACLE. —

Raymond débarquait à Tossa, lorsqu'il vit sur la plage une foule bruyante, parlant et s'agitant autour d'un homme étendu sans mouvement sur le sable. Et son âme? Espérant qu'un souffle restait encore, Raymond se penchait sur lui, lui parlait, épiant le moindre frisson de vie. Rien. Alors, au milieu de toute cette foule en rumeur, il se mit à genoux et pria. Après quelques minutes, il se pencha de nouveau vers le cadavre et lui dit : « Barcilo, voulez-vous vous confesser? — Oui, répondit le mort, je le veux et l'ai toujours voulu. » Les curieux s'écartèrent, et le confesseur, l'oreille sur les lèvres du ressuscité, écouta longtemps, s'assura de son repentir, et lui donna l'absolution. Après quoi, Barcilo ferma les yeux, ne parla plus, et rentra dans la mort.

Comme s'il se fût agi de la chose la plus simple, Raymond reprit sa route vers Barcelone et son couvent. Enfin ! il allait pouvoir vivre dans le silence, seul avec Dieu seul, et ses frères, amis de Dieu comme lui ! Illusion ! il était toujours pénitencier, et de Rome comme d'Espagne, et de toutes les parties du monde, personne ne se gênait pour recourir à lui. Le Pape le chargeait d'affaires comme s'il eût été à ses côtés ; évêques, rois, princes, simples fidèles ne voulaient que lui. Le grand pénitencier ne savait rien refuser, sa charité égalait sa science, et l'une et l'autre se répandaient en flots abondants sur tous les rivages, sauvant, fortifiant et réjouissant les âmes.

— XIII. — MAITRE GÉNÉRAL. —

Il en était là, jouissant, dans son incessante activité, du repos intérieur des Saints sur le Cœur de Dieu. Du moins, l'Ordre n'avait pas encore pensé, ne

GRÉGOIRE IX

REMET A UN JURISCONSULTE LES DÉCRÉTALES

DE SAINT RAYMOND DE PENNAFORT.

(D'après une fresque des Chambres de Raphaël au Vatican.)

penserait pas à lui pour les charges. Il ne serait ni provincial ni prieur, il vivrait et mourrait dans le rang. Vain espoir ! Un matin, arrivèrent à Barcelone, venant de Bologne, Hugues de St-Cher et deux autres Frères. Ils apportaient, disaient-ils, dans leur blanc scapulaire, la miséricorde de DIEU et celle de l'Ordre. Qu'y avait-il donc ? Le Bienheureux Jourdain de Saxe revenait de visiter les couvents de Terre-Sainte. Le bateau qui le portait, et avec lui les espérances de l'Ordre entier, avait coulé bas. La chose était certaine, car son corps, rejeté sur le rivage, y faisait des miracles. Qui lui succéderait ? Les Frères électeurs, réunis à Bologne, étaient divisés. La province de France voulait Hugues de St-Cher, l'Allemagne Albert le Grand, l'Espagne Raymond de Pennafort, tous les trois dignes parmi les plus dignes. Que faire ? Leur père n'était-il pas au milieu d'eux, et son corps, à peine touché par la mort, ne rendait-il pas des oracles ? Pleins de foi et dégagés de toute ambition personnelle, ils envoyèrent les religieux qui n'étaient pas du chapitre, prier auprès du corps de saint Dominique pour le prompt succès de l'élection. Tout à coup, un de ceux-là fut ravi en extase. Il vit une colonne resplendissante, perlée dé gouttes de sang, soutenant le temple. A peine sortait-il de son extase, que les cloches du couvent sonnèrent, appelant toute la communauté pour entendre proclamer le nom du nouveau Général... C'était le F. Raymond sur qui tous les suffrages s'étaient réunis, Raymond, la colonne de la vision, soutenant l'Ordre par sa fermeté et son dévouement jusqu'au sang.

Hugues de St-Cher, rival magnanime, avait été chargé d'apporter cette nouvelle à l'élu, qui en fut stupéfait. Il était si convaincu qu'il ne serait jamais rien ! Il refusa net. Mais, pour les vrais saints, la question importante n'est pas la charge ni l'aptitude à la remplir, c'est la volonté de DIEU. DIEU le veut-il ? Alors, en avant... La volonté de DIEU était claire, claire aussi la volonté de ses frères qui lui confiaient leurs destinées. Comment s'y refuser longtemps ? Dominant donc ses répugnances, Raymond accepta, prit en main le gouvernement, et après quelques préparatifs, se mit en route pour Rome.

A peine arrivé, il eut à décider une affaire assez délicate. Les Sœurs, premières-nées de St-Dominique étaient restées sous la direction immédiate de l'Ordre, non-seulement au point de vue spirituel, mais aussi pour l'ensemble de leur vie régulière et matérielle. Elles en étaient heureuses et se seraient reproché comme une faute de lèse-famille de penser à un autre régime. Ce n'était pas la même chose parmi les Frères. Plusieurs, et non des moindres, y trouvaient des inconvénients nombreux. Cette vie, si mêlée, n'engendrerait-elle pas forcément une familiarité peu en harmonie avec l'austérité de l'Ordre ? Les Frères étaient-ils bien préparés, par leur ministère, à cette gestion des biens d'autrui ? Avec le temps, ne serait-ce pas une responsabilité écrasante ? N'était-il pas plus sûr, et à la fois plus digne pour les Sœurs, de les laisser se gouverner elles-mêmes ? Le nouveau Général semblait de cet avis. Mais les dominicaines s'émurent elles aussi, elles en appelèrent à la parole de saint Dominique, à sa promesse, et en son nom, demandèrent justice et fraternelle protection. Raymond se laissa toucher et les maintint sous l'obédience dominicaine. Depuis, la sagesse de l'Eglise a donné droit aux pressentiments des religieux opposants et placé les Religieuses sous l'autorité de l'Ordinaire, mais le lien jumeau qui unissait les Frères et les Sœurs est toujours vivant. Le sang ne se dément pas.

Une autre œuvre tenta bientôt la fibre du vieux jurisconsulte. Les constitutions dominicaines, élaborées par les différents chapitres tenus chaque année depuis vingt ans, répondaient à des besoins actuels et se suivaient dans un ordre assez confus. Raymond vit qu'il y avait là quelque chose à faire, et lui qui avait mis la lumière et une si belle ordonnance dans les décrétales, se chargea d'en mettre aussi dans les différentes ordinations capitulaires. Il estimait qu'un point de règle, bien clair et bien à sa place, est à moitié pratiqué. En quelques mois, cette refonte était complète, bien réussie, et le volume qui en est sorti, est encore, dans ses grandes lignes, celui que tout dominicain garde sur sa table de travail, à la place d'honneur, avec la Bible et la Somme de St-Thomas.

Entre temps, il avait avec les différentes provinces une correspondance régulière. Il veillait au maintien de l'observance, au perfectionnement des études, envoyait des missionnaires à Tunis et dans d'autres pays infidèles, les encourageait, les dirigeait, soufflait partout la flamme religieuse et apostolique. Sévère pour lui-même, il était strict pour les autres, mais, jusque dans sa fermeté, on sentait son cœur battre et s'ouvrir à tous les ménagements d'une tendresse paternelle exquise.

XIV. — DÉMISSION.

SAINT Dominique pouvait être content. L'Ordre était en bonnes mains et se promettait des années d'une prospérité croissante. Mais il comptait sans l'humilité de son Général. Un an après son élection, dans le chapitre tenu à Paris, en 1239, sans rien laisser percer de ses projets et sous je ne sais quel prétexte de bonne administration, notre Saint fit décréter par les Capitulaires que le Maître Général pourrait toujours donner sa démission et que le chapitre serait tenu de l'accepter. On se demande comment des hommes sérieux et intelligents qui le connaissaient bien, ne le devinèrent pas. Deux ans plus tard, dans un nouveau chapitre, Raymond fit aux assistants, toujours

sans défiance, la proposition suivante : « Il se sentait
» vieux, fatigué, infirme, au-dessous de sa charge, la
» cause unique des imperfections de l'Ordre. Ne
» valait-il pas mieux remettre le fardeau à un autre
» plus jeune, plus fort, plus ardent à promouvoir le
» bien commun ? Lui, rentrerait à Barcelone, d'où un
» instant d'illusion fraternelle l'avait fait sortir. »
Chose étrange ! aucun de ces sages ne vit le piège. Après quelques réserves, pour la forme, tous le crurent et acceptèrent sa démission.

On dit qu'un jour d'élection papale, un vieux cardinal attirait tous les regards par son air malheureux et mourant. A peine pouvait-il se tenir debout. Il est élu Pape, et sur l'heure, jette ses béquilles et se met à marcher vigoureusement. En sens contraire, Raymond, de Général redevenu simple religieux, parut rajeunir et faire un pacte avec la vie.

Mais, dans l'Ordre, ce fut différent. Quand on y apprit la capitulation des vocaux devant les saintes roueries de l'humble vieillard, il y eut un tolle. On les blâma fortement et un nouveau chapitre les priva pour un temps de toute voix active et passive. On réforma le décret de 1230 et plus d'un s'en prit à Raymond lui-même de cette vertu qu'on n'était pas loin de taxer de faiblesse et d'égoïsme ; il laissait dire, savourant sa bien-aimée solitude retrouvée... pour 35 ans encore.

XV. — RECUEILLEMENT ET APOSTOLAT.

Les premiers jours furent pleins d'une sainte ivresse. Comme dans un bain d'aromates, son âme, replongée dans l'atmosphère natale du cloître, y puisait une nouvelle vie, contenue mais ardente encore à l'apostolat. Car Raymond, malgré son âge, ne pouvait se passer du ministère des âmes. Quand elles ne venaient pas à lui, il allait à elles, et il n'en était pas de si misérable qu'il ne relevât de sa boue et ne ramenât au bercail.

Son action s'étendait à toutes les classes. Homme de science, il attirait à lui les savants ; de famille royale, aucun prince ne dépassait sa naissance. A la Cour même, il avait ses entrées libres et sa place d'honneur. N'était-il pas depuis longtemps l'ami, le confesseur, le bras droit du roi Jacques ? N'avaient-ils pas, côte à côte, combattu les bons combats de DIEU et de la patrie, par la parole et par le glaive ? Les anciens prophètes n'étaient pas plus respectés, plus estimés, plus aimés des rois d'Israël. Leur incorruptible sainteté n'était pas plus redoutée que la sienne. En voici la preuve : Pendant un de ses séjours à Majorque, sa conquête préférée, Jacques d'Aragon pressa son vieil ami de venir l'y rejoindre. Raymond s'y rendit. Il n'y était pas d'une heure, qu'il s'en repentit. Tout de suite, il s'aperçut que Jacques, le Conquérant, était lui-même un vaincu. Une femme, non pas la reine, était là, maîtresse de son cœur, de son honneur et de sa vie. Austère et chaste comme il l'était, Frère Raymond ne pouvait tolérer un pareil scandale. Il en parla au prince, lui rappela la vision de la Merci, ses devoirs de chevalier, de mari et de roi. Rien n'y fit. Cet homme énergique qui allait jusqu'au bout de tout, plus profond et plus tenace encore, peut-être, parce qu'il avait dépassé l'âge mûr, était héroïque dans le mal comme dans le bien. Non, jamais, répondit-il. Raymond n'avait qu'à partir pour ne pas paraître autoriser l'adultère par sa présence. Dirai-je force ou faiblesse ? Quand même il aimait le roi, et comme un dernier ultimatum de son amitié désespérée, il l'avertit de sa résolution. Jacques sentit le coup, mais se reprit aussitôt et se dit qu'il saurait bien garder l'un et l'autre. Il défendit, sous peine de mort, à tout patron de barque, de la ville ou du dehors, de prendre Raymond à bord. Au jour fixé, le vieillard descendit avec son compagnon sur la plage, mais personne ne voulut l'embarquer. Alors, par une inspiration de sa foi, il ôté sa chape, l'étend sous ses pieds dans la mer, relève et attache un de ses bords à son bâton qu'il plante au milieu, et fait signe à son socius de monter avec lui. Celui-ci recule, épouvanté : « Religieux de peu de foi, lui dit Raymond, DIEU n'est-il pas avec nous ? Il nous donnera ce que le roi nous refuse. » Et il lance sa nacelle sur Barcelone. Six heures plus tard, après une traversée de 60 lieues, il abordait au port et reprenait sa chape, qui ne semblait même pas avoir touché l'eau. Ses compatriotes sont là qui l'acclament. Il leur échappe, va au couvent, et les portes étant fermées, il se trouve tout à coup au milieu de ses frères et leur donne le baiser de paix.

A cette nouvelle, Jacques d'Aragon fut remué jusqu'au fond de l'âme. DIEU, il le voyait bien, était avec Raymond contre lui. Vaincu par la grâce, il s'enferma dans son palais, pleurant sa faute et priant DIEU de n'en pas punir son peuple. La tentatrice disparut de la Cour et le scandale cessa. Raymond, heureux de retrouver le grand cœur de son ami, lui rendit son affection et ses conseils.

A côté du roi, et comme pour racheter ses faiblesses, le Frère Prêcheur rencontrait Pierre Nolasque. Voir, reprendre, perfectionner ensemble l'œuvre commencée, était leur plus grande joie : Pierre y travaillait en donnant son argent, et quelquefois le sang, la liberté et la vie de ses religieux. Raymond rachetait les esprits en leur donnant la vérité. Il payait plus qu'aucun autre de sa personne, prêchait aux coins des rues et sur les places publiques, partout où il rencontrait un infidèle, heureux de faire naître dans son esprit au moins un doute avant-coureur de sa conversion.

Ce n'était point assez. La parole, si persuasive qu'elle fût, passait, et replongés dans leur milieu perverti, ses auditeurs oubliaient ses leçons. Il fallait un livre qu'ils pussent garder sous leurs yeux et dans lequel ils retrouvassent, à leur gré, la vérité limpide et sans mélange. Ce livre, Raymond le demanda à un de ses frères déjà docteur d'un grand renom, Thomas d'Aquin, qui composa pour lui sa *Somme contre les Gentils !* Ouvrage merveilleux, fait de raison et de foi, et dont on pourrait dire qu'il opéra autant de conversions qu'il avait de lignes !

Cependant, il lui manquait quelque chose. Il était écrit dans une langue savante et étrangère, accessible seulement au petit nombre, et c'est la masse infidèle que Raymond eût voulu atteindre. Il sentait bien que, pour la prendre, il eût fallu parler sa langue. Résolu à ne rien négliger, il fonda, de concert avec le roi, dans plusieurs villes d'Espagne et à Tunis, des cours d'arabe où ceux qui voulaient se livrer au ministère des infidèles venaient d'abord se familiariser avec leur idiome national.

Le succès de cette intelligente innovation ne se fit pas attendre. En un an, les conversions, jusque-là rares et individuelles, se firent par milliers.

Etaient-elles toutes sincères ? Furent-elles toutes durables ? Hélas ! on aperçut bientôt, parmi les nouveaux convertis, une fermentation de mauvais augure. Des mots échappés çà et là, des écrits passés de la main à la main, et surtout un nombre croissant de transfuges à l'erreur, donnèrent l'éveil. De plus, les Albigeois, chassés de France, s'étaient réfugiés en Espagne, etleurs prétendus saints jetaient, par de faux miracles et des doctrines séduisantes, le trouble dans les esprits. L'ennemi était donc là, il fallait l'empêcher de nuire. Dans ces temps de foi vive, où le salut de l'âme était l'unique nécessaire, personne n'eût compris qu'on ne cherchât pas à écraser le mal à sa naissance. Aussi, Raymond, dans ses entretiens avec le roi, lui parlait-il souvent du danger, et de son devoir de le repousser par la force. Sur ses instances, on créa un

TOMBEAU

DE SAINT RAYMOND DE PENNAFORT.

D'après une photographie.

(Cathédrale de Barcelone.)

tribunal spécial, composé des Évêques du royaume, qui avait de Rome et du roi les pouvoirs de juger, de punir et d'expulser du territoire, les sectaires ennemis de la société chrétienne. En cela encore, Raymond avait bien mérité de l'Église et de la patrie.

XVI. — RÉCOMPENSE.

Il y avait soixante-quinze ans que Raymond avait été ordonné prêtre, cinquante qu'il était entré dans l'Ordre et qu'il avait, avec Pierre Nolasque, fondé la Merci, trente cinq qu'il avait déposé la charge de Maître Général. Pas un jour de cette longue existence n'était vide. Il avait enseigné, confessé, prêché ; les pauvres comme les riches, les savants et les simples d'esprit, l'avaient toujours trouvé à leur portée ; les grandes affaires comme les plus petits détails ne l'avaient jamais mis en défaut ; son corps et son âme étaient vierges, sa conscience sans tache. Cent ans avaient passé sur ce cerveau sans l'épuiser, et comme un rayon de soleil tombant sur une statue de marbre blanc, son sourire illuminait toujours sa transparente figure. Pourtant, il sentait ses forces faiblir et son front se refroidir, par intervalles, comme sous un souffle d'outre-tombe. C'était la mort qui s'annonçait respectueuse et craintive. Il la salua, elle aussi, de son doux sourire, en la voyant venir. Autour de sa couche, mêlés aux pauvres et aux esclaves rachetés, on remarquait les rois d'Aragon et de Castille, les ambassadeurs de Tunis et du Maroc, les messagers du Pape et du Maître Général, les Frères les plus illustres de l'Ordre. Tout un monde était là, regardant cet astre qui l'avait illuminé, descendre lentement aux horizons éternels. Si détaché qu'il soit, le cœur d'un saint, devant cette reconnaissance des âmes, doit éprouver une joie ineffable, un peu comme celle de DIEU quand l'homme sincère lui parle de son repentir et de son amour.

Le Ciel aussi était penché sur le patriarche mourant. La Sainte Vierge qu'il avait tant honorée, saint Dominique qui, d'un regard, l'avait reconnu et aimé comme son fils à Bologne, Réginald dont les discours l'avaient enflammé, Jourdain de Saxe qui lui avait légué son manteau, Thomas d'Aquin, son lieutenant dans les combats de la vérité, tous étaient là qui le regardaient et l'attendaient. Enfin, le 6 janvier 1275, le jour des Rois, ce roi de la pensée s'éteignit, et son âme, portée par les mains de ses Frères au Ciel, entra dans son éternité bienheureuse, calme et sereine comme pendant sa vie terrestre.

Canonisé en 1601, cet ami du silence et de l'obscurité, qui ressuscita plus de quarante morts, fait encore parler de lui. Son nom est en grand honneur dans la Rome catholique savante, et les docteurs de l'Église l'appellent dans leurs rangs. Son corps repose dans la cathédrale de Barcelone, mais la poussière de son tombeau, semée à travers le monde, y produit des miracles. Toujours recueillie et jamais épuisée, elle semble renaître d'elle-même. Vraiment, les Saints sont comme DIEU : ils ne meurent pas.

APPROBATION DE L'ORDRE.

Vu et approuvé :

Fr. A. MATHIEU,
O. P.,
Prédicateur général.

Fr. A. GARDEIL,
des Fr. Pr.,
Régent des Études.

IMPRIMATUR :

Die 28 Julii 1897.

F R. MONPEURT,
Prieur Provincial.

www.ingramcontent.com/pod-product-compliance
Lightning Source LLC
LaVergne TN
LVHW021528140926
848035LV00047B/1254